台灣古早容顏

徐宗懋圖文館／製作

目錄

閃耀台灣　福照寶島

　　「閃耀台灣」系列畫冊，一套八冊，分別爲《台灣城市建築 1860-1960》、《台灣鄉村景觀 1860-1960》、《台灣山鄉原民》、《台灣近水部落》、《台灣原生物產 1860-1960》、《台灣自然生態 1860-1960》、《台灣往日生活》、《台灣古早容顏》。

　　此八個主題，時間跨越清代、日本殖民時代、光復之後，涵蓋早期台灣的人文生活以及自然景觀，從人們的食衣住行育樂，到鄉野山川中的美麗景致和原始型態皆收錄其中。這些內容、材料均是徐宗懋圖文館過去 20 多年來耗費巨資購買照片原作，以及累積精湛的照片修復技術工藝，所取得歷史照片領域最高的成就。

　　這套畫冊以「閃耀台灣」爲名，台灣這座島嶼無論視野所見，亦或是蘊藏的內涵，都如同寶石般閃閃發光，是閃耀的寶島，期許能將台灣這座寶島所經歷、流淌過的歷史，以照片圖文的形式，親切、大眾化的傳達給大家。簡言之，這一套書代表了閃耀的台灣，福星高照寶島，是一套傳世不朽的台灣歷史影像。

往日的悲歡容貌

　　薛培德（Barry L. Schuttler）是一名美國籍長老教會牧師，任台灣基督教救濟會第五任主任，在台期間負責統籌藉由基督新教的管道進入台灣的美援物資，在他的相片中常可見救濟物資發放時的景況。作為台灣基督教福利會的董事，他和教會的一些成員遊歷了台灣各地和離島，也使用相機拍攝當時台灣的風土民情，留下了 1959 年至 1960 年間的台灣影像紀實。

　　美籍牧師薛培德先生拍攝的約三千張的台灣照片中，忠實地留下了基層台灣百姓的珍貴豐富影像紀錄。除了生活型態，還拍下了當時人們的容貌神情、穿著打扮，透過帶著喜怒哀樂情感的容顏，那個年代的生活模式與精神，更生動地被記錄下來。

　　《台灣古早容顏》這本畫冊，我們整理了薛培德牧師有關台灣基層百姓生活與工作的珍貴紀實照片，特別著重於人們的容貌神情特寫，由於是底片製作，照片清晰、品質極高。也由於這些照片的年代是今天 50 歲以上的台灣人曾經歷過的一段歲月，於是我們在圖說方面採精寫的方式，希望透過這一批精美的圖文，重新喚起那奮鬥不懈的清貧年代，並勾起童年成長的美好回憶。

小朋友們在夜市玩撈魚遊戲

1960 年，一群小朋友在夜市玩撈魚遊戲。夜市除了賣吃的、日用品，也有一些給孩子們玩遊戲的攤位。撈魚遊戲源於日本廟會，日本時代傳入台灣，後來演變出許多玩法，如撈烏龜、撈彈力球等。撈魚網是用鐵絲彎曲製作而成，黏上棉紙，就可以用來撈魚，但棉紙遇到水馬上就會軟化，加上魚的重量，紙面很快就會破掉了。要順利撈到魚需要高超的技巧，通常大人也不容易成功，但小朋友們只管好玩，即使沒撈到魚，觀看的人也跟著開心。

童年的玩伴

1960 年，一群小孩子在門口巷道玩
耍。此時，一般人都住在平房，家
家都有五、六個孩子。放學後，孩
子們丟下書包都跑出去玩，追逐嬉
戲、笑聲連連。直到夕陽西下，才
被母親喊回家吃飯。因此，幾乎每
個人都有一些童年的玩伴，男女生
之間也有兩小無猜、青梅竹馬，有
著懵懂的感覺。接著，很快地到了
青少年時期，考試變多、思緒變雜，
放學後再也沒有出來瘋玩了，埋首
書桌時也意識到已告別了童年，男
孩女孩不僅生理上出現了變化，彼
此之間也有些心理距離了。更何況，
此時到處都在大興土木、蓋新房子，
有些鄰居已經搬家了，搬到外縣市，
或是城市另一邊新蓋的公寓大樓。
高中以後，童年的夥伴很少見到面，
直到後來再也沒有聯絡。至於上大
學、入社會，被歲月推進成年人忙
碌煩惱的世界後，童年逐漸變成一
段淹沒的記憶。
或許，真到了耳順之年，放下各種
重擔，偶爾獨處時，會想起遙遠過
去那一群奔跑的孩子們，其中有著
自己的身影，童年玩伴們的笑顏，
曾玩過的遊戲、曾說過的話。

衣衫簡陋笑容甜美的女孩

1960 年，一位衣衫簡陋笑容甜美的
女孩，倚靠在姊姊身旁。早期生活
普遍較為困苦，物資缺乏、生活清
貧，衣服破舊也只能繼續穿，或穿
哥哥姊姊留下來的衣服。由於貧窮，
反而很容易滿足。

台灣真善美的絕景

1960 年，台南農村，一群孩子聽到有外國人到村子裡來，連忙奔出來觀看，彷彿可以聽到一串銀鈴般的笑聲，並且在薛培德牧師的鏡頭前，大方地擺出了拍照的姿勢。兒童燦爛的笑顏，輝映著遠山和稻穗，凝結了台灣真善美的絕景。

屏東山溪中裸泳的孩子 　（14 頁）

1960 年，屏東山溪中裸泳的小孩。山區物質匱乏，唯一有的就是大自然。孩子們天真無邪，經常奔跑於山林間，或去溪中游泳玩水，自由快樂。

屏東山溪旁的小女孩

1960 年，屏東山溪旁的一位小女孩，小心翼翼地吃著零食，衣衫簡單，反映了山區生活的真實情況。

一位小姊姊抱著更年幼的弟弟

1960 年，一位小姊姊抱著更年幼的弟弟。照片中前方的三個小孩容貌相似，應該是姊弟關係。在兒女眾多的年代，年紀稍長的小姊姊、小哥哥就得肩負起照顧弟妹、分擔家務的責任。雖然他們也都還只是小朋友，但家裡大人得外出工作，因此孩子們小小年紀就得學習獨立自主，幫忙照顧弟妹是相當常見的景象。

安撫弟弟別哭的小姊姊

1960 年，一位小姊姊安撫著哭鬧的
小弟弟，她的背後還背著一個小弟
妹。小弟弟哭鬧，可能是因為看到
陌生環境或陌生人感到害怕，也可
能年紀太小，走累了，哭著要姊姊
抱。無論如何，年紀小的姊姊，就
已經需承擔起照顧弟妹的責任，安
撫弟弟的她，已流露幾分成熟的表
情。

在兒女眾多的年代，身為姊姊的通
常要背弟妹，帶著他們出去玩，幫
媽媽分擔繁重的家務，她很早就要
學會操心，學會替家人負責。「大
姊」往往也是「早熟」、「犧牲」
和「權威」的同義詞。

一名女童背著年幼的弟弟

1960 年，一名女童背著年幼的弟弟。當家中長輩們外出工作時，年紀較大的孩子就得負責照顧年幼的弟妹，雖然他們自己年紀也還很小，但因為排行較長，就必須從小學著幫家裡分擔家務，不僅要會獨立自主，還得照顧弟妹。

一位小女孩牽牛走過田間泥路

1960 年，一位小女孩牽著牛走過田間的泥路。此時農村耕種主要仍然依靠獸力，家家都養牛。只要小孩子年紀夠大了，都要幫忙放牛、牽牛去吃草。

不少農家子弟是跟著家中的牛一起長大的，牛一生辛勞工作，帶來好收成，是維持全家生計的大功臣，自然也成了家中的一分子，彼此都有深厚的感情，基於感念之心，不少農家子弟終身不食牛肉。

清明節跟家人來掃墓的小女孩

1960 年，一名小女孩跟著父母去清明節掃墓，坐在往生長輩的墓碑前。碑上的「靖邑」是他們家族的原鄉，福建每一個地名均有各種雅稱，如同安為銀同、金門為浯洲、晉江為溫陵、漳浦為浦邑等等，而靖邑是南靖的雅稱。南靖位於漳州西邊，靠近閩西，為山區縣城，閩客混居，傳統土樓林立，居民多務農。這一家是由福建南靖移民來台，許多南靖來台開山祖多在前清時期，在台仍然從事農事。往生後墓碑上均刻上祖籍，以示唐山過台灣之慎重追遠。

一位幫忙家裡顧攤的少女　（24頁）

1960年，市場上一位少女幫忙家裡顧攤，熟練親切地招呼人客。在清貧的年代，基層百姓如何增加收入改善生計，最簡單的方式就是擺攤，從市場正式的攤位，到各種流動攤販，如板車、腳踏車、扁擔，一直到手提籃裝著小商品，到市場叫賣，或看到人多的地方就靠近，用低成本的方式賺點生活費。不少人都有童年時幫家裡顧攤，或自己挑東西去販賣的成長經歷。

另一方面，1960年尚未實施九年國民義務教育，小學升中學要考試，從小學五、六年級至中學、高中，功課都非常繁重，經常念書到深夜。照片中的少女小學畢業後沒再念書的機率很大，這是親切甜美笑容背後辛苦現實的一面。

兩位少女幫忙打理家裡金紙店

1960年，兩位少女幫忙打理家裡經營的香鋪金紙店。台灣人有燒金紙祭祀先人的習俗，無論是在寺廟祭祀、清明祭祖，或是親人往生的喪禮，都會燒金紙，讓親人到冥間使用。金紙多由竹子紙漿製成，用手工黏貼錫箔和摺紙蓮花，屬於傳統工藝。照片中的香鋪金紙店裡還有其他祭祀用品，包括香，以及喪家靈堂懸掛的白燈籠等，金紙店通常位於大型寺廟的周邊市場和街道旁。

一位農村少年扛著兩捆姑婆芋的葉子

1960 年，一位農村少年扛著兩捆姑婆芋的葉子回家。台灣
民間常用姑婆芋的葉子來包裝魚類和肉類等，當成包裝紙
來使用。在山坡地，野生姑婆芋四處生長，很容易採集。
不過，姑婆芋全株有毒，根莖葉等均不可食用，否則會產
生口腔麻木、喉嚨痛等症狀。（農村生活顧問：游永福）

一位農村少年扛著兩籃乾草回家

1960 年，一位農村少年扛著兩籃乾草回家。這種乾燥後的草，閩南語稱為「草絪」，因體輕易燃，可當成燃火的火種。農村的婦女和兒童經常要將草絪一捆捆紮起來帶回家。由於天天都要升火，用量極大，紮捆草絪也成了日常生活的一部分。（農村生活顧問：游永福）

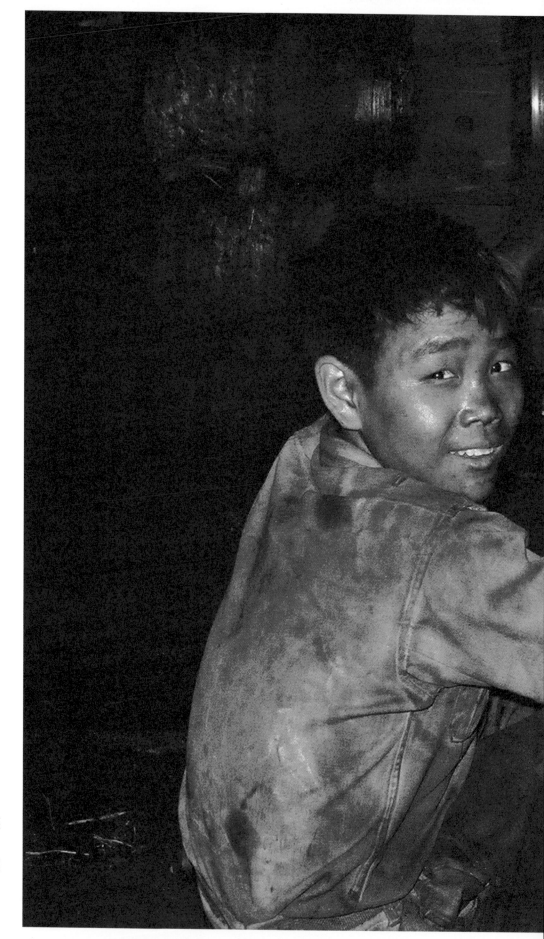

唐榮鐵工廠兩位稚氣未脫的少年工

1960 年，高雄唐榮鐵工廠兩位少年工，流露著稚氣的笑容。未成年的少年工在全台灣非常普遍，主要原因是貧窮、少年和勞工保護法律不足，以及未實施九年義務教育的因素。

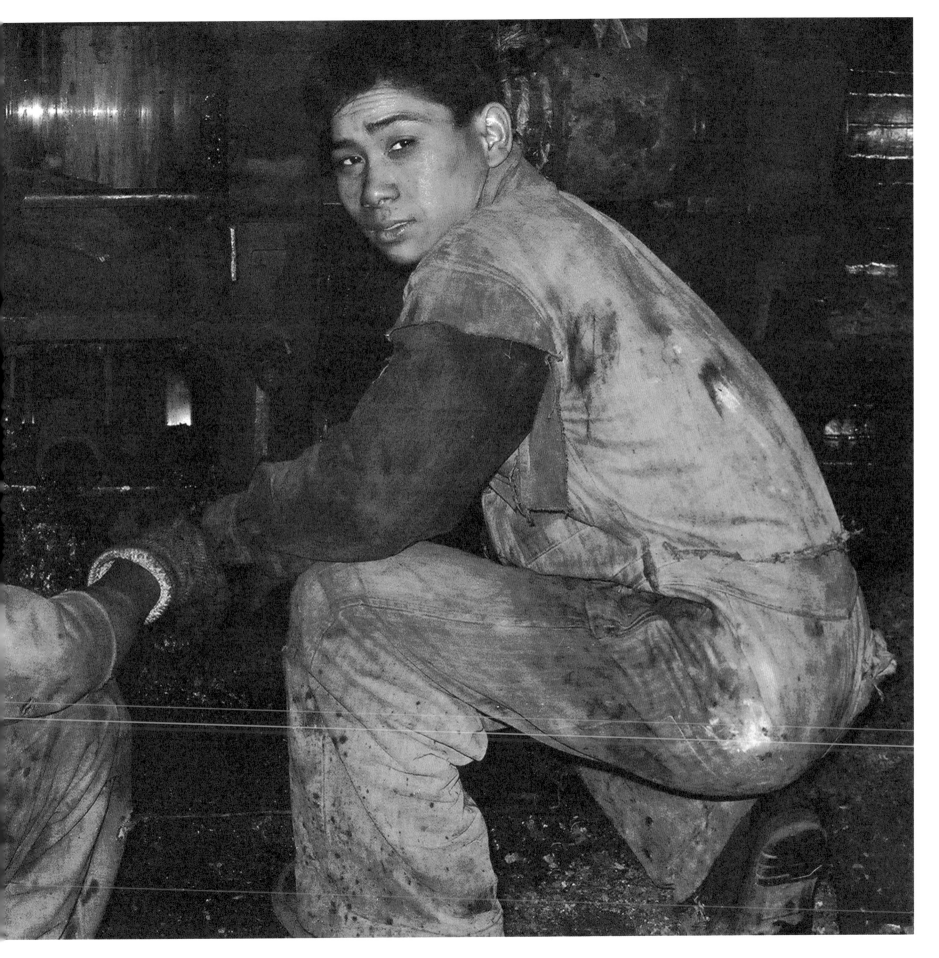

母親正在餵四個孩子吃飯

1960 年，一位母親正在餵四個孩子吃飯。四個孩子一起吃飯，年紀稍長的兩個女孩和一個男孩已經能自己拿碗筷吃飯，但最小的孩子仍需要媽媽餵食。早年家庭會生育比較多的孩子，母親忙著家事，同時還要照顧孩子們，幾乎不得片刻休息，十分辛苦。這個時期的孩子們成年後，大多對母親都有深刻的感念之心。

一位母親用自己的姆指給孩子吸吮

1960 年，一位背著孩子的母親。
當孩子哭時，她用自己的拇指給孩
子吸吮，以安撫孩子的情緒。薛培
德牧師拍下了這既有趣又溫馨的一
瞬間。此時，奶嘴並不普及，有些
嬰兒一出生就會吸吮自己小小的拇
指，孩子稍大後，母親偶爾也會用
自己的拇指給孩子吸，十分逗趣。

一位母親抱著孩子在苧麻田工作

1960年，一位母親抱著孩子在苧麻田工作。她手中提的就是苧麻莖皮編織的袋子，苧麻的莖皮用途廣泛，包括造紙以及編織各型的袋子。台灣各地都有苧麻的種植，照片中的母親平常在苧麻田工作，因孩子年紀還小，只能一起帶到田裡。這種邊抱著孩子邊工作的情況十分普遍，也是當時母親的一種鮮明形象。

在路邊哺乳的母親

1960 年，一位母親與友人在路旁一邊交談一邊哺乳。等待救濟物資發放的時間，兩名婦女愉快地聊天著。嬰兒還小，母親便時刻帶在身邊照顧，孩子哭鬧，母親能隨時安撫，而肚子餓了，母親也能隨時坐下來哺乳。民風純樸的年代，這是相當常見的景象，無人引以為奇。

大年初二帶孩子們回娘家的母親

1960 年，大年初二早上，一位母親提行李同時又帶著兩個孩子，準備搭火車回娘家。母親一個人打理一切，加上舟車勞頓，十分勞累。這一切辛苦之後都將融化在與娘家人團聚的欣悅中。大年初二台北火車站外，常見帶孩子們回娘家的母親們，薛培德牧師留下這些平凡而珍貴的畫面。照片中一家人沒有父親的角色，有可能父親暫時離開去買東西，也有可能確實只有母親一人帶孩子們回娘家。

一位婦人挑著兩大把的「豬菜」

1960 年，南台灣農村，一位婦人挑著兩大把的番薯藤回家。番薯藤即番薯的枝葉，也叫番薯葉或地瓜葉。由於容易種植，生長期短，早年生活貧困，農民們吃不起昂貴的白米，常種番薯作為主食，即使如此，也不吃番薯葉，而是拿來餵養豬隻，因此番薯葉又稱為「豬菜」。然而幾十年後的今天，白米飯早已是城鄉居民的日常食品，有時為了養生，甚至強調「少吃飯」。番薯葉則以營養豐富和口感清爽，躋身大餐廳的菜單，成為可口佳餚。番薯藤甚至被視為農村樸實生活的象徵，散發著土地的芬芳，因此也被登記為公司名稱。不過，使用的是正式名稱的「番薯藤公司」，而非「豬菜公司」。

吃檳榔的阿嬤

1960 年，一位嚼食檳榔的阿嬤。阿嬤雖然皺紋已深、白髮蒼蒼，但笑容仍然非常燦爛。檳榔果是台灣常見的經濟作物，市售的檳榔是以檳榔果為主，加上荖葉、荖花、荖藤和石灰作為配料，不少農民將嚼檳榔當成休閒嗜好。

賣糖葫蘆的老先生　　（46頁）

1960年，市場上一位販賣冰糖葫蘆的老先生。這種台灣市場常見的零食源於中國北京、天津一帶，老少咸宜。在台灣，台語稱為「李仔攕」、「鳥梨仔糖」等。傳統上，糖葫蘆使用山楂，再覆以糖漿，現今則多用小番茄。冰糖葫蘆在台灣發展出多種原料的製作方式，有著本地特色。這張照片記錄了早年台灣市場上一位賣冰糖葫蘆的老先生，在那清苦的年代，老先生清楚的皺紋和神情，對照著紅透香甜的糖葫蘆，反映了為生活奮鬥的艱苦，表現出極強的時代感染力。

一位市場內走動叫賣野百合花的老先生

1960年，市場裡一位走動叫賣野百合花的老先生。台灣野百合花主要生長在高山地區，從北到南均可見其蹤跡，單株可開二朵或數朵花，開花約七至十天，環境適應力極強。不少人採摘野百合花，拿到市場販賣。但由於過度採摘，近年野百合花已不多見，大多數是在較難觸及的懸崖峭壁地帶。

夜市一位修傘的老師傅

1960 年，夜市裡一位修傘的老師傅。修傘是一個老行業，
時常在大風雨下撐傘，傘骨易斷、傘布破損。修傘通常是
替換傘骨，縫住破口。過去生活清苦的年代，傘壞了不會
立刻丟棄，而是送修。隨著生活水準提升，傘具大量製造，
傘壞了通常就丟了，修傘行業也跟著式微。

一位金仔店內的打金師傅

1960 年，一位金仔店內的打金師傅。人們手頭有餘裕時喜歡買一些金子、金飾存放保值。打金師傅除了幫人們將金子製成首飾，也能修補破損的金飾，常見的傳統打金工具有熔接器、耐火磚、四角砧、量尺等等，使用的工作桌也會是專門的打金桌，設有多個可以放置器具的抽屜。由於銀樓珠寶檔次較高，價格較昂貴，市場裡的金仔店所提供的平價服務，更符合一般社會大眾的需要。

一位賣五彩沙灘球的攤販

1960 年，市場上一位賣五彩沙灘球的攤販。沙灘球是由柔軟的塑料做成，這位先生使用打氣筒幫顧客充氣，不過一般人都是買回去自己吹氣。
市場上的沙灘球銷售反映了喜歡水上休閒活動的人越來越多，年輕朋友們或一家人常選擇到海邊玩耍，尤其孩子們更留下許多歡樂的回憶。

市場上熱騰騰的「今川燒」攤販

1960 年，市場上一位現做紅豆餅的攤販。紅豆餅又稱車輪餅、娜翠餅，是一種日式點心。相傳江戶時代出自神田的今川橋，故稱為「今川燒」。外皮材料是麵粉、雞蛋、砂糖等，內餡則是紅豆泥。市場上販賣今川燒的是用特製的模型鐵爐現做，過程吸引人駐足觀看。由於熱騰騰的今川燒新鮮可口，一般生意都不錯。

一位戴郵差帽賣炸棗的老先生

1960 年，市場裡一位戴郵差帽賣炸棗的老先生。炸棗是澎湖常見的小吃，其實就是油炸糯米糰，將適量內餡包入糯米麵團中，搓揉成圓球狀，放入油鍋中炸成金黃色，表面撒上芝麻，通常黑芝麻代表包紅豆餡，白芝麻則是包花生餡。炸棗甜而不膩，搭配芝麻的香氣，是很有人氣的市場美食。此外，照片中的老先生戴的帽子是早年常見的裝扮，一般是郵差在戴的，原始帽子的造型是由西方傳入，通常作為旅行家的帽子，甚至部隊的軍帽。

販賣橘子的攤位

1960 年，一位老先生在路邊擺攤賣橘子。冬天的橘子特別香甜多汁，價廉物美，因此受到大眾的喜愛，加上產季與過年相近，橘子又有吉利的含義，是冬天的人氣首選。因為方便攜帶且不需要切，只需剝皮即可食用，也成為旅行、遠足等常攜帶的水果。當時如果有人遠行，通常親友們都會塞來一袋橘子，彷彿成為固定的禮儀。

市場上一位自娛的賣笛人

1960 年，市場上一位賣笛人示範鼻笛的吹奏方式。竹笛是早年台灣常見的傳統簡易樂器，在農業社會中，娛樂活動較少，愛好音樂的人常以吹笛自娛。台灣桂竹遍植，竹笛製作簡單，價格低廉，自然成為音樂愛好者最好的伴侶，連牧童都以吹笛打發時間，田間郊野笛聲處處可聞，笛聲成為典型的田園之樂。因此，在一般市場或旅遊區的紀念品店，均可見販售笛子和竹簫的攤位，通常也跟萬花筒、木劍等擺在一起賣。許多台灣人都有童年遠足時，在紀念品店購買一支笛子的經驗。即使不會吹奏，偶爾試吹一下也很好玩。

和氣生財的五穀雜糧店老闆

1960 年，一間五穀雜糧店，一位老闆笑容滿面坐在店門口的藤椅上休息，既愜意悠閒，也反映他和氣生財的生意風格。五穀雜糧店販售各種豆類、穀類乾貨，例如紅豆、綠豆、黑豆、芝麻、薏仁等，可以煮甜湯或做餡料，用途多種。大多數的店鋪，無論本業是販賣什麼，也都可以申請兼賣菸酒及一些生活用品。

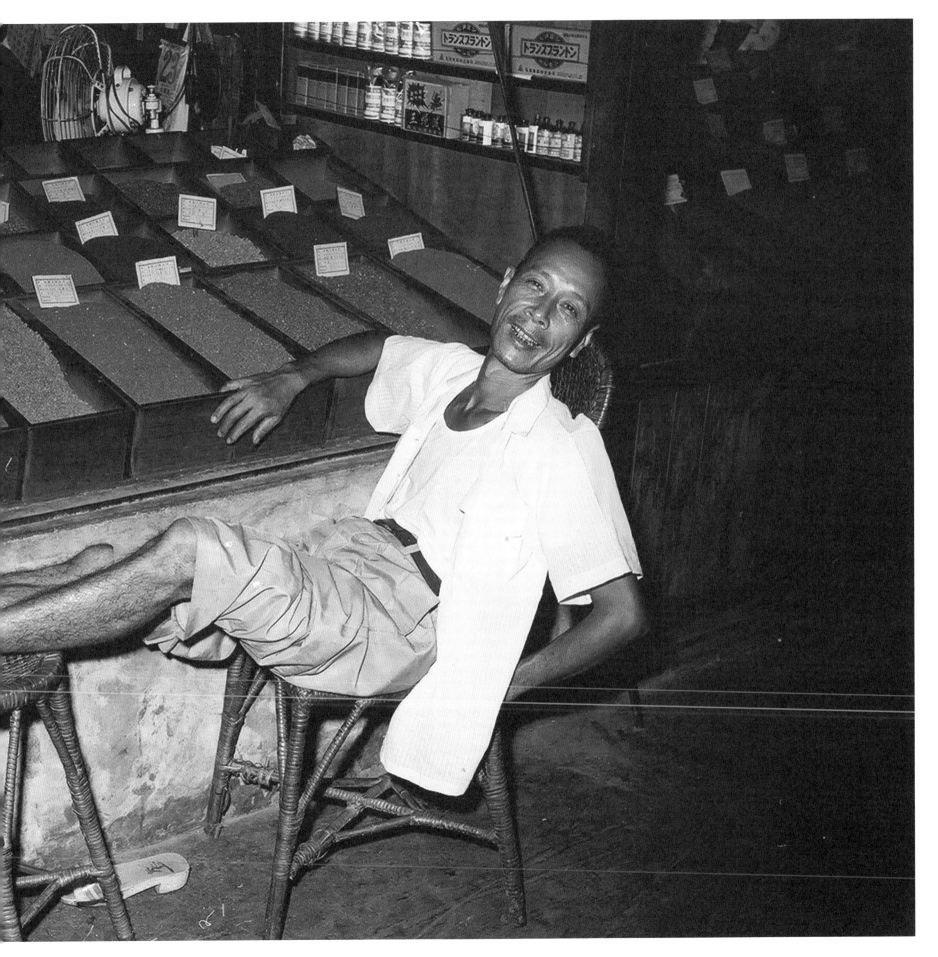

一位孩子眼睛緊盯著烤好沾醬的魷魚

1960 年，一位孩子買烤魷魚，眼睛緊盯著烤好正在沾醬料的魷魚，一副嘴饞的神情。烤魷魚是市場常見的小吃攤販，由於是當場現烤，所以香氣濃、有嚼勁，大人小孩都喜歡。吃的時候常自己撕成一片一片的長條魷魚絲，又是另一番樂趣。

一處賣臭豆腐的流動攤販

1960 年，一處賣臭豆腐的流動攤販。攤子非常簡易，只要火爐、食材等皆具備，挑起擔子就可以到處做生意。一般小販沒有能力承租店面，只能做流動攤販，簡單餬口，但他們仍開朗樸實的打拼著，抱著樂觀的心態，努力改善家人的生活。

天暗時休息吃飯的漁夫

1960 年，花蓮海邊，天暗時休息吃
飯的漁夫。他們白天用三角網在海
邊捕魚，忙碌一天。天色漸暗，漁
夫們也收網休息，食用自備的便當，
配菜大多是可以在常溫下保存較久
的醃漬品。

一位海釣漁民釣得一隻大魚

1960 年，一位海釣漁民釣得一隻大魚，面露得意的笑容，收拾好釣具愉快返家。漁民腰間掛著一個竹簍，釣到的魚能直接放進去，另外也會再多準備個大一點的容器，若釣到大魚便可使用。

「烏金」與漁夫的笑顏

1960 年，一位漁夫展示著捕到的烏魚，露出滿意的笑容。烏魚冬季順著洋流由北向南游，為台灣重要的漁獲種類。烏魚子可以大量出口日本，由於市價高，捕得烏魚可以獲得很高的利潤，烏魚成了漁民的致富之道，因此有「烏金」之稱。

背著竹子的泰雅族婦女

1960 年，一位背著竹子的泰雅族婦女。泰雅族生活在高山地區，無論男女，從小就會被訓練各種生存技能，因此泰雅族婦女往往有強壯的身體，背著大把的竹子也能對訪客展露笑顏。

一位帶著兒子的泰雅族婦女

1960 年，一位帶著兒子的泰雅族婦女。面對薛培德牧師的來訪，婦女帶著兒子友善的對著鏡頭微笑，她的背上還背著一個小嬰兒，而小弟弟看到陌生人有點緊張，緊緊依偎在母親身旁。照片中的婦女的臉上有紋面的痕跡，顯示她應該出生在日本時代初期。台灣光復後十年左右，仍然可見許多紋面的泰雅族婦女。

一位泰雅族婦女的無言臉龐

1960 年，一位泰雅婦女工作後休息
的一刻，臉上帶著幾分疲倦和憂鬱。
她的衣服破舊，顯示生活貧困，臉
上的紋面是年輕時候留下的，代表
著歲月與民族的雙重印記。對照許
多觀光式光鮮的原住民紀念照，薛
培德牧師拍攝的這張泰雅族婦女的
照片，充滿著時代的紀實性與民族
的滄桑感，令人不自覺地凝視良久。

一位佩戴著飾有圓形鎳片的
情人袋與額飾的阿美族男子

1960 年，一位佩戴著飾有圓形鎳片
的情人袋與額飾的阿美族男子。情
人袋男女皆可佩戴，裡面可以放煙
草、檳榔、小刀等物品。在不同的
部落裡，情人袋的習俗不太一樣，
但用途基本上都是女性用來追求男
性之用，也可看出阿美族母系社會
由女性當家的文化特色。

一位阿美族阿伯與傳統捕魚器魚笙

1960 年，一位阿美族阿伯與一個魚笙。阿美族聚居於花東地區，以農耕和捕魚為主要生計。魚撈主要是河川捕魚，常使用魚笙為誘捕工具。魚笙是以黃藤和竹子編製而成漏斗狀的籠子，放入溪水中，笙口朝上游，以誘捕魚蝦入籠。收穫時蓋上蓋子取出即可。阿美族長期使用魚笙在河川中捕魚，也成為民族生產器具的代表之一。

退伍軍人滿足的笑容

1960 年，一位退伍軍人領到美援舊衣物，套在自己的兒子身上，露出開心滿足的笑容。許多國軍官兵到台灣後，由於環境因素，中年後才完成婚事，因經歷世事滄桑，如今終於安定下來，初獲麟兒時往往特別疼愛。在那物資缺乏的年代，並非家家戶戶都能時常購買新衣服，因此救濟會發放的二手衣物便成為他們期盼的物資，這些二手衣物經過整理，狀況並不差，在民眾眼中可以說是跟新衣服沒什麼兩樣。

台北松山機場接送的笑顏

1960 年，兩位基督長老教會國際救濟會台灣分會的女工作人員，到台灣松山機場為美國同仁 Margie 接機。三人在機場外留影，笑容滿面。此時松山機場是全台灣唯一的國際機場，進出台灣均由此航空口岸。機場設有出入境大廳，不過兩邊僅由鐵柵欄圍住，視野開闊，可一覽跑道和飛機起降的情況，許多到機場接送親友的人們，常會在此拍攝紀念照。

初抵達見水庫的救濟會同仁

1960 年，橫貫公路開通時，國際救濟會同仁即成為第一批通車的乘客，目的是察看山區居民實際的生活情況，做為救濟會的考察工作之一。照片為救濟會成員在告示牌前合影。達見水庫就是德基水庫，位於台中大甲溪上游，原工程於日本時代開工，二戰末期停工，光復後由台電公司接手管理，並於 1969 年續工興建。薛培德牧師等人造訪時，水庫尚處於閒置階段。

一位救濟會女同仁初見中橫沿途風光的欣悅

1960 年，一位救濟會女同仁搭乘中橫通車巴士，沿途下車
瀏覽中台灣山岳的風光，顯露欣悅的表情。中橫公路除了
聯繫中央山脈東西兩側的交通，也促進了山區的觀光。薛
培德牧師為救濟會的女同事拍照留念，秀麗的山峰和芒草，
山區美景盡收眼前。

一位老人領到一些美國人捐贈的舊衣物

1960 年，今台北萬華一帶，一位老人領到一些美國人捐贈的舊衣物。衣服上印著美國賓州伊斯頓市「SPARKY'S」販售哈雷機車的字樣。這些衣服來自美國，多少會反映美國的生活型態，例如衣服上印有英文，可能是標語或是商家的名字，它們成為救濟品來到台灣，之後穿在台灣人身上，也是一個有趣的景象。

一位領到美國人捐贈的舊衣物的婦女

1960 年，一位婦女排隊領到美國人捐贈的舊衣物後，露出開心的笑容。由美國的基督教世界救濟會向教友們勸募舊衣物，捐贈給世界較貧窮地區的人民。在台灣，教會舉辦捐贈活動時，總會吸引大批民眾排隊領取。美國人的衣物厚實寬大，布料好、頗耐穿，領到舊衣服的台灣人多會露出開心的笑容。

一位剛領到嬰兒奶粉的母親

1960年，一名抱著嬰兒的母親剛領到一罐奶粉，包裝上有 Daily、Milk 等字樣。對於正在照顧嬰兒的母親而言，拿到奶粉是最實用的。美援最常見的救濟物資就是麵粉和奶粉，這兩種物資是美國國內生產量很大的產品，當時美國政府會向農民收購剩餘的農畜產品，並將它們以低價或無償的方式提供給友邦國家，一方面解決美國農畜業生產過剩的狀況，另一方面則是強化美國在友邦國家的影響力。

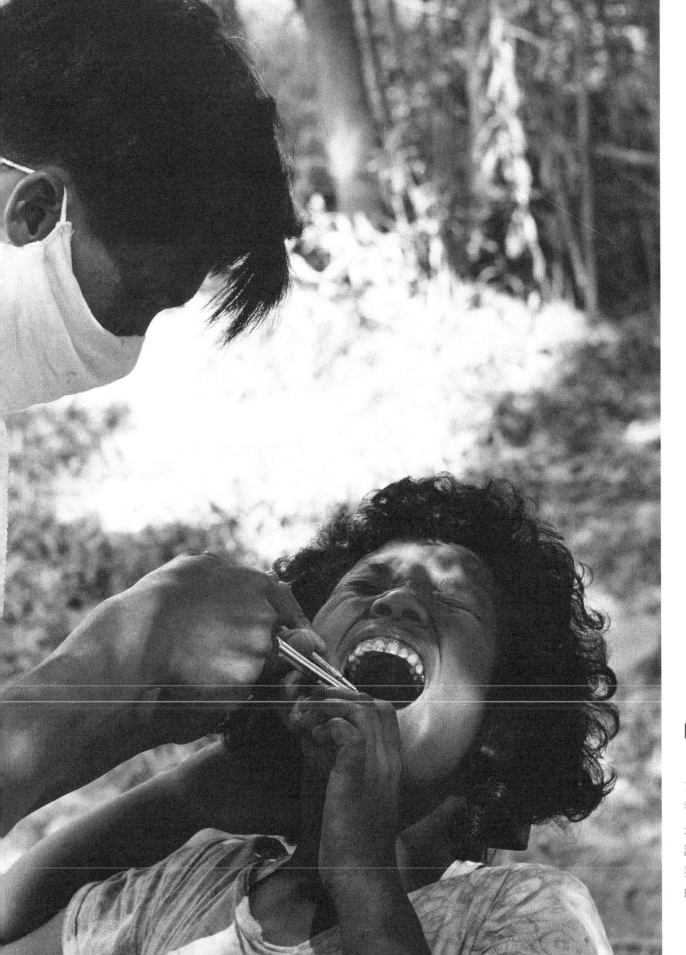

門諾醫療團至山地義診

1960 年，門諾醫療團至山地義診，替一位婦女治療牙齒。無論過去還是現在，治療蛀牙和拔牙一直都是讓人害怕的事，婦女因恐懼而面目猙獰，薛培德正好捕捉到這個生動的畫面。

送喪隊伍中一位大伯抱著小弟弟

1960 年，一列農村送喪隊伍中一位大伯抱著小弟弟。這是薛培德牧師拍攝台灣農村送喪儀式系列照片中的一張，喪家男女老幼列隊而行，將往生長輩的棺木抬到自家稻田中埋葬。這是其中一個畫面，一位大伯抱著小弟弟，對相機鏡頭不禁笑起來，可見冗長的喪禮已經儀式化，親友們已不再那麼傷感，只是等著走完程序。很多台灣人都模糊地記得，自己小時候曾經戴孝被大人帶著參加某個長輩的喪禮，那似乎也是懵懂年紀中的一件往事。

難忘金門當兵的日子

1960年，一位軍人在金門駐紮地戶外吃飯，剛好碰到薛培德牧師拍攝，連忙拿著碗筷笑臉迎人。此時離八二三砲戰只有兩年，戰爭氣氛依然濃厚，前線仍有零星的海空戰事，大砲還在打、警報還在響、廣播還在喊。

冷戰時期台灣 30 年生聚教訓，金門是個縮影。男生當兵在金門，無論是職業軍人或義務役，都留下深刻的記憶，包含戴上鋼盔、扛著槍枝，枕戈待旦的緊張心情，同袍弟兄們晚上飲小酒的笑語，還有金門純樸的鄉村和百姓，以及美麗的島嶼和海洋等等，後來都成了生命中難以忘懷的點點滴滴。

裝甲旅的班長

1960 年，金門，裝甲旅的班長。大批美援武器裝備剛運到前線，國軍軍事制度、訓練、裝備等都受到美軍很大的影響，美國除了提供大量的軍事裝備外，也派駐了美軍顧問團協助國軍訓練、戰術指導。

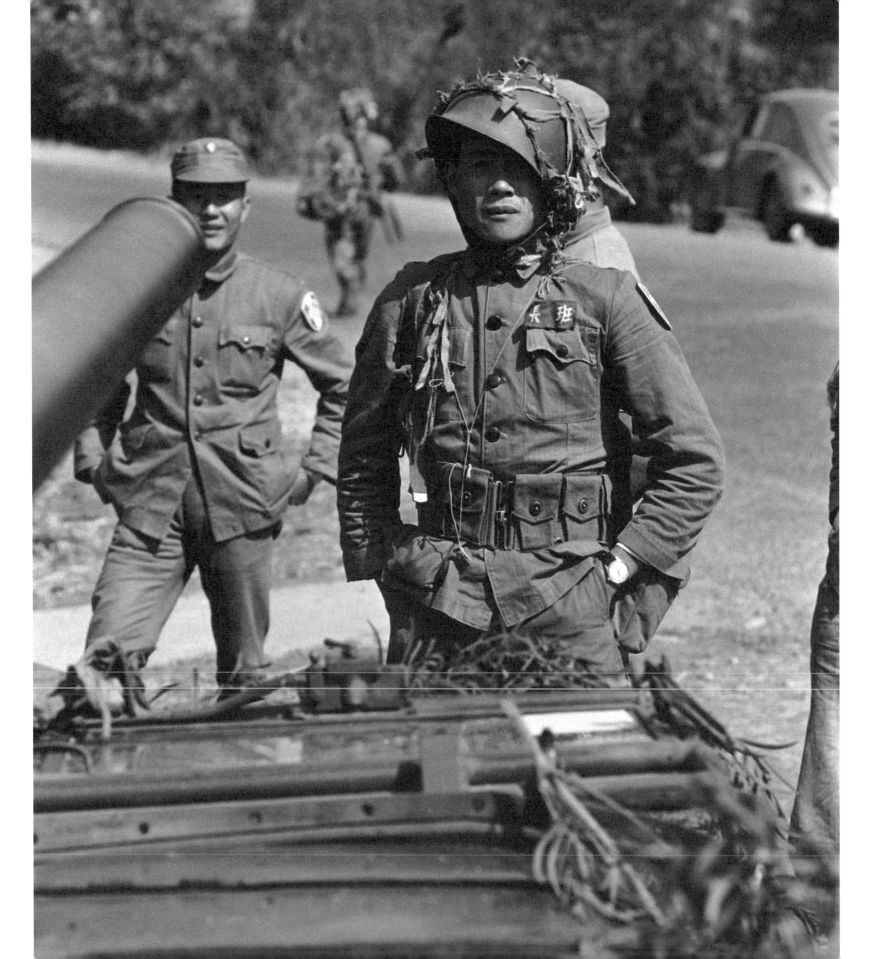

金門戰地的傳奇神父羅寶田

1960年，前線戰地金門服務的天主教神父羅寶田頭戴鋼盔，由薛培德牧師拍下這張珍貴的照片。1949年後，在台終身服務至最後一刻的神職人員時而可聞，不過像羅寶田神父那般，過世後受到萬般景仰而專設紀念公園的則十分罕見，不僅是由於他無私的奉獻，也是因為他在兩岸歷史中的傳奇經歷。

1909年，Bernard Druetto（羅寶田）出生於法國馬賽，成年後在羅馬接受神學訓練。1931年，他被方濟各會派到中國湖南長沙傳教，在當時工作了20年，興建醫院服務百姓，認識了湖南籍將軍胡璉和黃杰。也因長年在長沙工作，他的中國話始終帶著湖南腔。中共建政後，羅寶田神父被囚禁毆打，遭公開批鬥，但他在苦刑下仍拒絕認罪，最後於1951年被宣布「永遠驅逐」。

事實上，天主教與近代中國關係密切。明末清初，著名耶穌會教士利瑪竇、衛匡國，一直到郎士寧等，引進西學，也將中國文化介紹到西方世界，他們的盛名已載入中西方史冊。清末門戶開放，天主教又重新來華進行傳教活動，雖然此時中國出現各種民間反教事件，包括震撼中外的義和團事件，不過大體而言，教會興建學校和醫院，從事救濟福利工作，貢獻良多。

1949年後，堅守馬列主義無神論的中共與天主教會，彼此在思想上無妥協的餘地。中共視天主教為帝國主義勢力和國際間諜，以及具有思想顛覆的危險，因為忠誠的信仰者內心只有上帝，任何世俗的政權、世俗政府宣傳自己掌握絕對的真理，都只能是褻瀆神的假先知。因此，堅定的基督信仰必然是共產主義的天敵，必須除之而後快。1949年，南京樞機主教于斌隨中華民國政府來台，上海主教龔品梅等多名中國神職人員旋即被逮捕判刑，龔主教坐監30年始獲釋。1978年于斌在羅馬逝世後，人在獄中的龔品梅由教廷祕密任命接替南京樞機主教的職務。至於外籍神職人員則遭到驅逐出境，他們隨後又轉輾到台灣，如被迫離開北京輔仁大學的修女神父們於1961年輔大在台灣復校時，又從其他國家轉到台灣的輔大教書。他們親身經歷了中國近代史的動盪和巨變，也在某個層面上連結了兩岸的教育和文化，尤其是外文訓練和宗教信仰方面。同時，梵蒂岡也視台灣為全中國天主教徒的代表，此正式的關係定位一直延續到今天，依然未變，為今日台灣少有的正式國際支持力量。

1954年，羅寶田神父申請到戰地金門工作，一開始金防部有意見，覺得金門防務工作沉重，多一個「洋人」要照顧，負擔更大，萬一出了事不好辦。不過，胡璉將軍願意幫忙，此事甚至報到老總統那邊，最後羅寶田獲准到金門傳教。此後，他在艱苦危險的前線工作，度過了激烈的八二三砲戰。他奔走海內外募集資源，在金湖鎮興建了教堂和醫院，服務金門百姓。對於醫療和物資極端缺乏的當地人民而言，羅神父的日夜貢獻體現了莫大的慈悲與愛心。

1994年，羅寶田神父過世，2010年金門政府為羅寶田神父興建了紀念公園，以彰顯了他非凡的貢獻。羅神父在湖南待了20年，後來跟中共面對面抗爭了11個月，接著又在金門前線戰地服務了40年，等於一生都在第一線對抗共產主義。無論是真實的戰爭，或是思想的戰爭，都是長期的、深刻的。1991年，蘇聯解體，共產主義意識形態瓦解，這場思想的戰爭也比預期更早地結束。

兩名金門兒童用水清洗軍用吉普車

1960 年，金門，兩名金門兒童用水清洗軍用吉普車。金門兒童在成長時期深受戰備生活的影響，學校和住家附近都設有防空洞，經常會遇到防空和防毒演習，對於大批往來的軍人及武器裝備都已司空見慣。本島兒童大多是幫家裡洗衣服、洗碗盤，而清洗軍用吉普車卻是金門孩童日常的一部分。

國慶閱兵大典中的陸官學生隊伍

1960 年 10 月 10 日，台北，陸軍官校學生參閱雙十國慶的閱兵大典。陸軍官校成立於 1924 年 6 月 16 日廣東黃埔，故又得名「黃埔軍校」，第一任校長為蔣中正。此張照片為陸軍官校學生穿著閱兵禮服，參閱國慶閱兵大典，禮服樣式設計參考於美國西點軍校軍服。

HISTORY 87
閃耀台灣 八

台灣古早容顏

策畫執行　　　徐宗懋圖文館
中文撰文　　　徐宗懋
責任編輯　　　陳萱宇
主編　　　　　謝翠鈺
行銷企劃　　　陳玟利
藝術總監　　　陳怡靜
美術編輯　　　鄭捷云
數位彩色復原　陳怡靜、徐丹語、鄭捷云、李映彤

董事長　　　　趙政岷
出版者　　　　時報文化出版企業股份有限公司
　　　　　　　108019 台北市和平西路三段 240 號 7 樓
　　　　　　　發行專線：(02)2306-6842
　　　　　　　讀者服務專線：0800-231-705
　　　　　　　　　　　　　　(02)2304-7103
　　　　　　　讀者服務傳真：(02)2304-6858
　　　　　　　郵撥：19344724 時報文化出版公司
　　　　　　　信箱：10899 台北華江橋郵局第 99 信箱
時報悅讀網　　http://www.readingtimes.com.tw
法律顧問　　　理律法律事務所　陳長文律師、李念祖律師
印刷　　　　　和楹印刷有限公司
初版一刷　　　2022 年 6 月 10 日
定價　　　　　新台幣 480 元

缺頁或破損的書，請寄回更換

閃耀台灣．　八，台灣古早容顏 / 徐宗懋圖文館作．--
初版．-- 台北市：時報文化出版企業股份有限公司，
2022.06
　面；　公分．--（History；87）
ISBN 978-626-335-453-1（精裝）

1.CST: 台灣史　2.CST: 照片集

733.21　　　　　　　　　　　　　　　111006997

ISBN 978-626-335-453-1
Printed in Taiwan